les cornes

les plantes

le tricératops

les piquants

le sable

le tyrannosaure

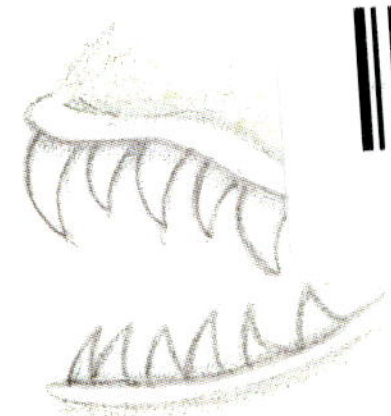
les crocs

les arbres

les poignards

le hadrosaure

la crête

les feuilles

les fruits

le canard

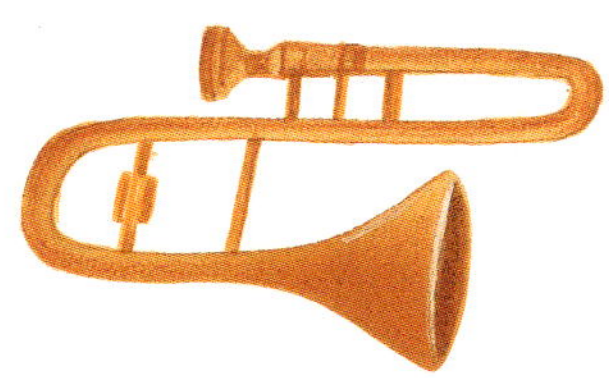
le trombone

les œufs

la nuit

la queue

l'oviraptor

le dinosaure

www.editionslito.com

Lito
41, rue de Verdun 94500 Champigny-sur-Marne
Imprimé en UE
Loi n°49-956 du 16 juillet 1949 sur les publications destinées à la jeunesse
Dépôt légal : mars 2006

JE LIS

AVEC LES DINOSAURES

Yvette Barbetti

Éditions Lito

LE DIPLODOCUS

Le plus grand des dinosaures,

le  , a d'énormes pieds qui

ressemblent à des pattes d'.

Grâce à son immense cou, il peut

brouter le  des grands .

Gare à qui vient le déranger : il

chasse ses ennemis en faisant

claquer sa  comme un .

LE BARYONYX

Un museau en spatule comme le , voici le  ! Son pouce muni d'une  géante lui sert de  quand il guette les  au-dessus de l'. Dès qu'il en saisit un, il le glisse aussitôt dans sa mâchoire aux  pointues et recourbées.

LE TRICÉRATOPS

Voici le plus grand dinosaure à  ! Il en a trois sur la tête, c'est le . On dit qu'il ressemble à un char d'assaut ou à un  ! Autour de son cou, une 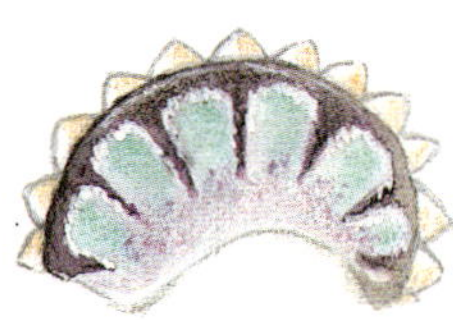 hérissée de  lui donne un air effrayant. Mais, il ne mange que des  !

LE STÉGOSAURE

Le  a une petite tête, un gros ventre et de grandes  sur le dos. Grâce à elles, il peut capter la chaleur du  pour se réchauffer. Avec sa bouche en forme de , il broute des  : elles sont broyées dans son estomac par des  qu'il a d'abord avalées.

L'OVIRAPTOR

Dans le , maman 
pond en cercle des  allongés.
Elle s'accroupit dessus la 
pour les réchauffer et le jour pour
les protéger du . Si un 
essaie de les lui voler, elle lui
donne un coup de patte! Maman
oviraptor vole elle aussi des œufs!

LE HADROSAURE

Sur la tête, le  a une belle  creuse qui produit un son comme celui du  ! Elle lui permet d'avertir ses compagnons d'un danger. Avec son bec, il picore des  et des . Il fait partie de la famille des dinosaures à bec de .

LE TYRANNOSAURE

Aussi lourd qu'un , le  s'élance sur ses  arrière, écrasant les  sur son passage ! Le plus féroce des dinosaures carnivores ouvre toute grande sa gueule et la referme sur ses proies : ses  sont de véritables .

les pattes

le diplodocus

l' éléphant

le fouet

le feuillage

la griffe

le baryonyx

les poissons

le harpon

les dents

le crocodile

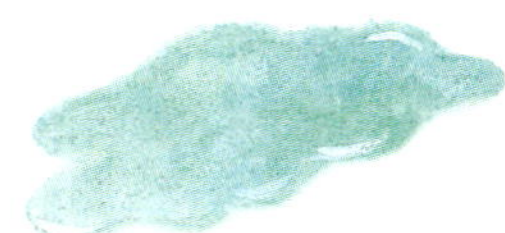

l'eau

le stégosaure

les plaques

le soleil

le bec

les fougères

les pierres

le rhinocéros

la collerette